Alain Martinez Mira del Pino

AF142116

# Troubadour ?

Poèmes

© 2021, Martinez Mira del Pino, Alain
Edition : Books on Demand,
12/14 rond-Point des Champs-Elysées, 75008 Paris
Impression : BoD - Books on Demand, Norderstedt, Allemagne
ISBN : 9782322201105
Dépôt légal : avril 2021

# Cythère

C'est un départ pour Cythère que tu m'as offert
Lorsque tu m'as ouvert tes bras de jouvencelle
Nous avons embarqué dans une caravelle
Où, de notre passé, nous n'avions que faire.

Dans les flots indigos le temps s'est arrêté,
Des nuages fleuris nous ont accompagnés
Dans la lumière cristalline et mordorée
Qui nimbait ces paysages que nous avons traversés.

Les cascades argentées, de l'argent, ont déversé
Dans le bouillonnement poudreux d'une rivière
Des embruns d'eau lustrale se sont déversés
Comme les douces caresses que tu m'as prodiguées.

Ce fut un baptême de tendresse et de passion
Fusionnées, et ces cataractes ont dévalé
Sur les pentes abruptes de nos psychés
Emportant nos âmes dans un maelström enchanté

Les heures et les jours ont échappé aux sabliers
Que les amours savent si bien renverser
Faisant, des jours de l'absence, des années
Et des heures du plaisir des secondes échappées.

Sur l'aile de Vénus nous avons survolé
Les cimes d'un Everest enneigé

Et les aigles royaux nous ont accompagnés
Dans des ascendants où nous nous sommes aimés

# Évanescence

L'aurore s'est levée en même temps que mon amour,
Tous deux ont été éveillés par l'aube dorée,
Le soleil de ma passion ne s'éteint pas à « vesprée »
Et ses rayons éclairent ce qui m'entoure.

Cheminant en mon âme, toute la journée,
Elle est ma compagne de tous les instants
Leitmotiv que martèle mon amoureuse psyché
Tantôt allegrettos tantôt adagios subintrants.

Elle chantonne devant l'or du crépuscule
Et parfois, à minuit sonnant, elle hulule
Chouette chevêche aux yeux scintillants
L'obscurité de mon désarroi s'envole à l'instant

Où ses ailes tutélaires volent près de moi
Ailleurs c'est une colombe qui vient se poser
Messagère d'un cœur qui m'est dévoilé
Et qui orchestre la symphonie de mes émois.

Comme ces nuages nacrés aux éclairs irisés
Elle resplendit ; et  les affres du néant
N'ont jamais un sésame ni un droit de cité
On y respire le jasmin et le plus fin des encens.

# Équinoxe à Mohammedia PV

Les vagues lapaient la grève et ses pierres luisantes
Nous étions à l'équinoxe de marées basses
Et la mer s'était retirée laissant l'espace
À des crabes qui cheminaient de guingois.

Septembre, à Mannesmann préparait les houles grosses
Je me repaissais de l'ire de la mer en furie
Elle grondait et faisait voler l'écume jaunie
Les algues arrachées remontaient des basses-fosses.

Les bleuités cédaient devant les verdoyances
De l'Océan rageur qui agitait dans tous les sens
Des vortex menaçants, des remous impétueux
Qui jonchaient le tohu-bohu tempétueux.

Ce sont, ce me semble, les frayeurs de l'enfance
Qui surgissent des ondes turbulentes des souvenirs
Et se mêlent au fracas d'une mer en transes
Qui exhale dans un lamento ses soupirs

Quand surviennent les cuivres du crépuscule
Peu à peu le feulement océanique impose sa férule
Et la nuit maritime offre les sémaphores
D'éclats de nacre et de céruse comme décor.

# Rêve musical

De ses arabesques d'or elle ornait ton visage
Et disparaissait, comme la lune sous les nuages
Et réapparaissait de lumière auréolé.

Va et vient de ma mémoire qui gambadait
Dans l'éclat ou les limbes des souvenirs,
En fond sonore ta voix clamait que tu m'aimais.
Captif heureux, je ne pouvais me départir

Des liens ciselés qui m'attachaient à toi,
Le souffle, chaud, parfumé, de ton haleine
Empourprait les braises de mes émois.
Au loin le vent emportait ton port de reine,

Mon rêve pastel, en apparat, se travestissait
Quand la méditation sereine m'envahissait,
Mais, quand l'orage des sens exultait
Des éclairs rubis, sang de pigeon, s'illuminaient.

Puis des cascades de diamants scintillaient
Tapissant de cristal  le ciel de ma raison
Et cette irisation servait d'écrin à l'horizon
D'une âme offerte sur l'autel des pâmoisons..

Comme le Graal fascinait le roi Arthur
Ton corps offert semblait un mirage flottant
Dans la lumière magnétique d'un clair-obscur
Nous nous aimâmes et les dieux furent bienveillants.

# Mon Arcadie !

Un sentiment d'apesanteur qui ne se vit qu'une fois,
Telle est ma psyché quand je vous vois
Vous semblez flotter dans un ailleurs où la soie
Sertit vos mains, votre peau, votre voix.

Vous avez arraisonné mes émois rationnels
Et la peur, les certitudes sont partis à vau-l'eau
Reste le rubis de votre amour de jouvencelle
Qui chatoie sur la terre et sur les flots.

Comme une sylphe entourée d'une brume dorée
Vous hantez mes songes, mes rêves éveillés
Votre voix aux inflexions suaves qui m'émeuvent
Résonne comme une cantate où s'abreuvent

Mes plus purs fantasmes, mes plus douces folies
Univers clos dont vous détenez clé et sésame
Où vivent mon cœur épris et l'or de mon âme
Un lieu aveugle aux astrolabes précis !

Ce pays a la beauté sublime de l'Arcadie
Les couleurs scintillantes au pastel se marient
Et l'échelle chromatique n'a pas droit de cité
Tout y est à la fois sombre et éclairé !

# Hirondelles musicienne

Les mots, hirondelles sur le fil du poème,
Ressemblent à des notes de musique
Posées en do, ré, mi, la, si, do dans l'Aube blême
Elles savent le chant migratoire kabbalistique

Leurs poses d'arpège invitent le poète aux rêves
De voyages lointains au pays de l'Eldorado
Il déploie ses ailes au-dessus des mers indigo
Et s'élève en agitant les syllabes sans trêve...

Alexandrins, chevauchées de métronomes
Calligrammes volant dans le ciel étoilé,
Élégies d'ébène quand le temps va se gâter,
Décasyllabes élégants sur les chemins de Rome.

C'est un rondo quand l'harmonie imitative
Secoue un rythme où marimbas, bandonéons
Tournent, vont et viennent et accordent leurs sons
Dans la fièvre d'une sérénade festive

La noria des notes disciplinées sous la baguette
D'une muse qui se trémousse entraînant en délire
L'adjectif tourbillonnant qui joue des claquettes
Dans cette cohue le Dieu Apollon joue de sa lyre!

# Ode à Saint Valentin

Elle m'a dit aujourd'hui : «Je t'aime pour la vie !»
J'ai compris que la course du temps qui fuit
Ne pourrait s'en dédire du couchant au levant
Et, dans la quiétude, j'écoute les pendules sonnant.

Le son de leur cliquetis s'apparente aux battements
D'un cœur qui va l'amble en son absence
Et se cabre au triple galop en sa présence
Aux jours de grand soleil et aux jours de gros temps.

Peu me chaut le crépuscule, peu m'importe l'aurore
La pluie peut claquer sur les toits en écho
De l'amour qui m'enivre elle a payé l'écot
En baisers de framboise et onciales d'or...

Le carrousel des heures festives nous a embarqués
Vers Cythère où Aphrodite nous a tendu ses bras.
Entourés de la mer égéenne, sertie de reflets
D'indigo diamanté nous, sans cesse, avons vogué.

Vogué dans l'ivresse d'embruns hypnotiques,
Portés par les ineffables alizés complices,
Et les vagues berceuses sont entrées en lice
Pour nous mener dans les effluves  des tropiques.

# Sentes mnésiques

Parfois mon âme voyage par monts et par vaux
Dans un ailleurs qui m'est inconnu et révèle
Des souvenances où se mêlent pêle-mêle
De lointains ancêtres et l'ouverture de sceaux

De parchemins damassés enroulés dans les mystères
De songes hypnotiques venus on ne sait d'où
Farandoles de couleurs chatoyantes, aurifères
Dans un morceau de ciel aux nuages flous.

L'orée d'une forêt de hêtres a livré la brillance diaprée
Des faisceaux d'une lumière rayonnante
Qui vrille d'émeraude les jonchées frissonnantes
Au pas d'un promeneur perdu en sa psyché.

Çà et là l'arborescence des fougères millénaires
Nappent de chrysoprase les chemins de traverse
Qui se perdent entre les buissons thuriféraires
Des chemins des rêves éveillés qui les traversent.

Au-delà du moutonnement des canopées
Se cache un soleil dont le lustre étincelle,
Et son haleine chaude baigne les radicelles
Des sous-bois qui lèchent les vertes ramées

# Renaissance

Quand les nuages noirs de la bêtise humaine
Viennent m'envahir… mon ciel devient gris,
J'entends ta voix douce et le soleil brille
Tu es là avec ce sourire qui chasse la géhenne.

De ton kaléidoscope se détache l'arc-en-ciel
Qui colore de lapis-lazuli ma triste psyché
Les rivières de cristal retrouvent leurs apprêts
Des zébrures d'argent maquillent le miel

De tes baisers qui pleuvent d'infinies douceurs
La montagne se vêt de nacre et de citrine
La musique des vers se déhanche dans une biguine
Les tropicales mélodies réchauffent mes ardeurs.

Tiens ! De nouveau le ballet volant des mésanges
Pulse d'or, et, dans le saphir de mon âme
Renaissent les couleurs qui appellent les anges
Pourchasseurs de spleen et de vague à l'âme

Naissance des rythmes du solfège des poèmes
Aria syncopée d'un jazz né d'un saxo
Les brumes de jais s'envolent de mon ego
Et l'efflorescence d'une ataraxie se promène...

# Rivage de Mannesmann à Mohammedia

Parfois le murmure Atlantique vient me hanter
J'entends le son grave des orgues maritimes
Et le vibrato des violons alto, subaquatiques
Et le métronome que Poséidon fait osciller

Et la magie de la houle de grenat vert
Dont les embruns pétillants, frais et parfumés
Ont dressé un fin rideau d'iode pulvérisée
Tandis que le ressac entonne l'aria qui m'est cher

Va  et vient comme le pendule d'un hypnotiseur
Et le rêveur prend en marche le rythme
Enjambe l'espace et le cours des heures
Pour une rêverie saupoudrée de l'hymne

Des rayons solaires réfléchis par la surface,
De l'océan berceur initiateur de somnolence,
Où les songes éveillés mêlent l'évanescence
Du rêve au réel d'une quiétude qui lui fait face.

Et l'écume d'ivoire vieillie danse sur les flots
Suivant la scansion du souffle des marées
Respiration atlantique qui renaît en vibrato
Dans ma Mohammedia par le soleil inondée.

# Souvenance dorée

L'ombre complice t'avait maquillée de clair-obscur
Tes yeux luisaient d'un désir à peine retenu
Et brutalement, émue, tu m'offris ton corps nu
Je n'ai jamais oublié ce trouble, cette sinécure.

Ce qui suivit cette aurore d'un amour fulgurant
Je m'en souviendrais comme d'un arc-en-ciel pourpré
D'arabesques et de courbes entremêlées
D'une ivresse de psyché prenant les ascendants.

Ascensions rythmées de soupirs et de souffles partagés
Parfum violent venu du fond de nos âmes
Coalescence ivoirine de nos peaux scarifiées
Par l'attachement indélébile qui nous damne.

Nous avons voyagé dans des chemins escarpés
Où des cascades entonnent des symphonies
Où le soleil crépusculaire nous convie à jouer
Dans ce colin-maillard où je me suis épanoui.

Sentes de fragrance où la rose et le jasmin
Fêtent leurs épousailles en farandoles musquées
Comme dans une barcarolle aux rehauts de carmin
On eût dit que Vénus nous y avait embarqués !

# Hivernales rêveries

C'est l'hiver ! Les arbres offrent un éventail
De branches nues aux mailles de ciel bleu gris
Seuls les mimosas, les épicéas ont omis
De perdre leur feuillage qui sont le bercail

D'oiseaux qui pépient dans l'aurore hivernale.
Des hérons bleus, le col relevé, se détachent
Sur les vertes prairies safranées de taches
De mousse, égayant l'émeraude glaciale.

Le silence est troublé parfois d'aboiements
Des chiens de chasse exaspérés par l'enfermement
Leurs voix graves et rocailleuses font écho
Dans le vallon, où la pluie, soudain, tombe à seaux

Les rivières exultent, et se gonflent d'importance
Elles dévalent… emportant les gouttes passagères
Hérissant son cours de mille efflorescences
Qui éclosent à sa surface de cristal clair.

J'aime de la morte saison le calme apparent
Elle incite mon âme aux rêveries paresseuses
Mais je sais que cette quiétude est trompeuse
Car ses bourgeons sont les hérauts du printemps !

# Colère du dieu fleuve

Achéloos, dieu fluvial, avait jeté l'anathème
Sur les hommes arrogants qui détournaient son cours
Construisant des barrages, érigeant des tours
Asséchant l'onde divine, matrice des poèmes.

Il héla son frère aztèque Tlaloc, dieu de la pluie,
Et Poséidon le dieu irascible des océans
De conserve ils convoquèrent les Furies
Porteuses des flux maritimes, amies des vents.

Les pluies diluviennes se déversèrent sur terre
Des vagues scélérates déployèrent leurs griffes,
Furent déracinés les chênes, les sapins, les ifs
Au bruit sinistre et rugissant du tonnerre.

Les volcans se réveillaient et crachaient leurs laves
Les nuées ardentes ignées cachaient le ciel
Des cratères rougeoyants toussaient leur fiel
Les humains semblaient des ombres hâves.

Mais Zeus,  roi de l'Olympe, mit fin au châtiment
Convaincu que les hommes pouvaient entendre
Le langage des dieux courroucés au firmament
Et les hommes apeurés finirent par comprendre !

L'Arcadie ce pays aux mille et une beautés,
Comme le phénix, renaquit de ses cendres
Les vents et les volcans ne se firent plus entendre
Les océans recouvrirent leurs splendeurs azurées.

# Les eaux vives

J'aime les eaux vives dansant le long des sentes,
Elle naissent des pluies lustrales génitrices des rus,
Leurs murmures enchantaient l'enfant que je fus,
Souvenance de fétus lancés qui arpentaient

Les petites cascades cristallines qui s'écoulaient
D'une allure claudicante, on ne sait où,
Elles partaient vers l'ultime rendez-vous
Des fleuves impérieux qui les appelaient.

Elles eurent pour compagnon le soleil rayonnant
Qui allumait et irisait leurs reflets d'argent
Leur train devenait plus nerveux, tumultueux
Quand elles s'enlaçaient aux flots impétueux,

Absorbées dans le mystère des embouchures,
Elles disparaissent dans la houle des océans
Nul ne sait où vont s'évanouir les fleuves errants
Les étoiles le savent mais elles n'en ont cure..

# Amour fleuve

Ce soir l'« étoile du berger », Vénus, m'a confié
Qu'elle veillait, du haut du ciel, sur les amoureux
Qu'ils fussent pérennes ou ceux qui brûlent leurs feux
Dans l'âtre fugace des secondes d'or pétries.

Toi ! Aphrodite t'assigne à résidence
En mon âme et dans les milliards d'atomes
Qui vagabondent dans l'évanescence de mon corps
Et mon Cerbère ne répond à personne,

Il ne te permettra pas de forcer la porte
De mon cœur aliéné à tes charmes
Une source cristalline a jailli et nous emporte,
Vaille que vaille, et son cours jamais ne désarme.

Du fil  d'une source naquirent les fleuves majestueux
Le Nil ancestral, l'Amazone au limon fertile
L'Amou-Daria, le Rhin volubile,
La Loire châtelaine, Garonne au cours tempétueux

Ainsi d'un baiser naquit un amour fleuve
Son train est capricieux tantôt serein
Il serpente comme l'émeraude couleuvre
C'est une symphonie qui éclot du soir au matin.

# Toi et le rêve

Le soir, musicien d'arpèges aux notes d'ébène,
Entonnait son adagio en mon âme rêveuse.
On eût dit que l'humanité devenue sereine
Se rendait à l'oubli des pleurs que la vie sème.

Une rutilance de jais envahissait le sommeil
Des humains figés dans leurs fugues vermeilles
Écrivant le monde hiéroglyphique de Morphée
Moi, dormeur anonyme, je suivais une fée

Aux atours mystérieux et qui te ressemblait,
Dans la narcose obligée, ton ombre me précédait
Mais parfois, comme un mirage, tu disparaissais
Je te cherchais dans les brumes qui te sertissaient

D'une aura, d'une mandorle d'or irisée
Par le soleil noir, prince des lueurs vacillantes,
Je sentais ton parfum qui voltigeait à l'orée
D'une lande aux brumes d'argent scintillantes,

Le sépia vaporeux semblait un chemin tracé
Que, désorienté et perplexe je suivais
Guidé par une carte du tendre parcheminée
Je parvins émerveillé sur ta couche étoilée...

# Énigmes oniriques

Dans les ombres mouvantes que tissait un rêve
M'apparut un cortège d'haridelles efflanquées
Leur sabots claquaient sur les sentiers ombragés
Qui menaient, cahin-caha, sur les grèves,

D'une mer d'équinoxe aux vagues déchaînées
Dont le ressac assourdissant battaient les dunes
Mordues par le tonitruant roulis d'écume
Qui déployait sa cohorte de bulles éclatées.

Une charrette tonitruante sortie d'une crique,
Menée à hue et à dia par un moujik
Qui chantait à tue-tête des hymnes russes
Brinquebalait dans les senteurs d'eucalyptus.

Elle cheminait de son allure de roulotte cahotant
Sur les routes tapissées d'iris et d'agapanthes
Une brise parfumée embaumait les sentes
Et les chemins de ronde qu'elle grimpait en chantant.

Elle parvint dans l'aire où vivent les alizés,
Belvédères d'un écrin où brille le lapis
D'une mer dont les vagues nacrées esquissent
Les aspirations diaboliques de vortex assoiffés.

Ce songe prit fin comme s'éteignent les chandelles
Laissant au dormeur l'énigme onirique
Du langage nocturne de la psyché léthargique
Qui hante les nuits de rêveries nouvelles…

# Tempêtes oniriques

Un  bateau fantôme venu du fond des âges
Un galion, une trière, ou une brigantine
Peut-être une caravelle hante la comptine
Que mes rêves chantent quand gronde l'orage,

Dans les éclaboussures d'argent de l'étrave
Se creusent ses sillons dans la mer indigo
Quand la brume lactescente et son rideau
Tombent doucement émaillant les cordages.

Le roulis, le tangage me cachent sa silhouette
Qui monte et descend la houle déchaînée
Et j'entends le fracas de la coque ballottée
Dans le hurlement du vent de la tempête.

Dans mes songes j'ai perdu l'astrolabe,
Le tohu-bohu des quarantièmes rugissants
Siffle, crie dans le vacarme assourdissant
Je ne sais plus le chemin de l'étoile qui garde,

Qui garde, préserve le bosco dans l'obscurité
Quand Neptune fait éclater sa colère
Faisant émerger des abysses l'ombre guerrière
Des ouragans arrogants qui insultent le ciel !

# Altérité

Vivre pour soi pff ! Quel intérêt à se satisfaire
De son  érigé comme le Sphinx de Gizeh
Seule l'altérité sait, malgré tout, me guider
Elle seule sait me faire quitter la terre.

Avec elle, je survole à Halicarnasse le mausolée,
Merveille  baignée par la cornaline crépusculaire,
Je vogue sur l'Atlantique de mes jeunes années,
Les ailes de l'amour sont les  filles de l'air.

Je chante ces merveilles pour te séduire
Pour te rendre addictive à mes folies poétiques,
Je saurais, pour toi, déchiffrer l'héraldique
Du soleil rubis de l'aurore que je vois luire.

L'envoûtement amoureux a ravi pour toujours
Mon ego qui s'en est allé à vau l'eau
Et c'est bien ce que les dieux appellent l'amour
L'abandon imposé par l'ineffable libido.

L'être aimé a su se travestir dans l'hymen
Qui enserre mon âme et frémit dans ma psyché
Elle est complice d'Erato qui l'a mandatée
Pour être muse et, dans le poème, elle m'entraîne !

# Tendresse éternelle

J'aime le regard étoilé des petits enfants
Et le babil  joyeux du bébé potelé
A qui l'on donne le biberon qu'il a réclamé
Par des pleurs dont les arpèges tranchants

Nous atteignent au fond de l'âme, de la psyché
Sémaphores sonores appelant la tétée
Délices du suçotement musical du nourrisson
Que ses petites lèvres chantent à l'unisson.

Enfants, petits-enfants qui fécondent «l'intranquillité »[1]
Des parents et des grands parents attentionnés
Qu'une fièvre ou une toux vont angoisser
Et le rot joli dont on guette la musicalité !

Mes chéris, mes petits je me sais aliéné
Ma vie durant et je l'espère peut-être après ?
Je vous porterai en moi, en ma destinée
Même si le fatum m'enlève en d'autres contrées.

---

1«Intranquillité» citation de Fernando Pessoa

# Délices évanescents

La douceur ineffable des baisers de l'aimée
M'a fait quitter le lourd fardeau des réalités
Et cet envol fut immédiat, instantané
M'ouvrant aux mondes charnels des voluptés.

Cette miette de seconde au goût de miel
A l'éternité fugace des comètes argentées
Qui éclaire la psyché soudain aveuglée
Par l'ébène nacrée de la vie qui perd son fiel.

Voyage stellaire d'une peau soudain jumelle
De ta carnation ivoirine nimbée de vermeil
Dans une chaconne dont le rythme va crescendo
Et se mue en une arabesque allant l'allegro.

Pulsations synchrones des âmes et des corps
Voguant dans l'univers translucide du clair-obscur
L'amour a su, en ces jours, broder ses épures
Canevas des itinéraires ornant notre décor.

Décor du corps à corps, vertige horizontal,
Reculées jurassiennes accueillant les ascendants
Qui viennent enlever les fiévreux amants
Pour les déposer en un monde de cristal.

# Fééries hivernales

C'est une aubaine qu'un jour d'hiver ensoleillé !
Le soleil timide a écarté les voiles de brume
Et, devenu entreprenant, il éclate de clarté
Et illumine le jaspe des prairies, et j'hume

Les fragrances fraîches de la terre endormie.
Les arbres défeuillés accueillent les trilles
D'oiseaux soudain éveillés qui s'émoustillent
Du parfum herbacé qui accueilleront les semis.

Phébus a assigné la pluie à résidence
Et le ciel azuré a chassé les nuages chagrins
Prends ma main, fais ton pied léger et danse
Les sardanes cadencées rythmées d'entrain.

La gaieté vêtue de la soie du crépuscule
Envahit les heures bénies par la lumière
Et l'argent céleste tient en sa férule
Les pensées délétères qu'elle réduit en poussière.

La caresse  adoucie d'une brise légère
Effleure nos visages et nos lèvres unies
Par les baisers hivernaux au goût de vétiver
Enchantant nos amours de tendres fééries !

# Cante Hondo[2]

Parfois un accord de guitare venu d'Andalousie
Trouve une issue qui fait vibrer mon âme
Venu du fond des âges il chemine sur un macadam
Tapissant un chemin de traverse enfoui

Enfoui dans mon ascendance et se révélant
Par un trouble, une émotion venus de loin
Et qui se répandent comme un fleuve débordant
Emportant les digues dont j'avais pris soin

Pour garder le cap du présent, de la réalité.
Mais je sais que cette armature craquera
Devant le regard aimé qui défie ma volonté
Alors que rien d'autre au monde ne me brisera.

Comment l'amour se conjugue-t-il au passé
De générations d'ancêtres qui se sont succédé ?
Comment ma passion se trouve entremêlée
Au Cante Hondo qui m'enveloppe de ses mélopées ?

À travers les siècles je t'ai toujours aimée
Ne me demandez pas d'où me vient cette idée
Il faut le demander aux notes qui m'ont envoûté
C'est un fil d'Ariane qui ne s'est jamais brisé !

_____

2   Ancêtre du flamenco

# Rêve singulier

Je t'ai vue dans mes rêves, tu traversais le gué
D'une rivière dont le cristal était irisé
Par le soleil de l'aurore qui se glissait
Dans l'émeraude des frondaisons qui brillait.

Et le clapotis de l'eau enjambait la déclivité
Du chemin semé d'un lit de jaspe auréolé
Où des truites fario élégantes et dorées
Avaient revêtu leur livrée de léopard.

Tu parvins sur la rive où lys et iris buvaient
L'eau lustrale qui caressaient leurs radicelles
Cueillant une fleur, ton joli profil se confondait
Avec la délicatesse de la tige et celles

Des pétales t'offrant leur nacre immaculée
Tu étais une fleur parmi les fleurs de l'onde
Le pastel du songe, mandorle éclairée
Nimbait ce sourire angélique qui inonde

Ton visage émerveillé de tant de beauté
Ce visage où l'agate s'anime d'un sourire
Qui instille la magie de la passion partagée,
Sachant émailler sa pudeur de fous-rires.

Et tu t'es déshabillée, tes courbes jolies
D'ondine offraient leur sensuelle géométrie
A l'amoureux subjugué dans sa rêverie
Et, spectateur ébloui, je sombrais en féérie.

# La dame mélancolique

Si la mélancolie te propose de la caresser
Prends garde car c'est une belle sorcière
Au corps voluptueux qui peut t'ouvrir la terre
Et t'y entraîner en baisant ton corps arqué.

Comme le charmeur des cobras hypnotisés.
Elle te damnera par ses danses lascives
Elle te fera voyager en des marais empoisonnés
Mais tu n'en auras cure, tu la prendras en des rives

Qu'un soleil noir éclaire de lumière d'ébène
Ses rayons vibrent sur l'empennage noir des vautours
Tu ne te sentiras pas anesthésié par la géhenne,
Noyé dans les capiteux parfums de ses atours.

Elle t'enlacera dans les vapeurs méphitiques
Tu perdras de vue les rivages vermeils
Prisonnier de hauts-murs mélancoliques
Sans espoir, entouré de landes désertiques.

Ami des jours de jais et des pluies roides
Voyageur de rouges crépuscules, des aubes froides
Prends tes jambes à ton cou cela n'est qu'illusion !
Un hologramme maléfique a tissé ses prédations.

Trouve toi sur les chemins du tendre une âme  jolie
Un cœur battant de douceur et de générosité
Elle sera ton spécifique, l'invincible panacée
Qui, armée du glaive d'argent, ourdit

Le stratagème rusé qui  a occis les diaboliques,
Elle t'attend depuis l'aube où tu vins à la vie
Tiens la voilà qui s'avance, vêtue d'organdi
Vos noces sont  bénies  sous les ailes angéliques.

# Musique d'hiver

L'automne avait abandonné le ballet saisonnier
Ses apprêts de couleurs, son ciel gouaché
L'hiver était venu à pas de loup, nuitamment
L'air s'était chargé d'une densité d'aimant

Le soleil dardait ses rayons pâles à l'horizon
Et l'allegro printanier s'était mué en adagio
Le faible gazouillis rythmique des engoulevents
Chantait l'angoisse vivrière de tous les oiseaux

La mélodie hivernale se jouait en mode mineur
Un clair silence par instants venait ponctuer
Le sommeil obligé des arbres et des fleurs
Les violons des feuilles au vent se taisaient.

Le temps lui-même, suspend le sablier
Des heures qui paresseusement s'étirent
Tandis que les flammes de l'âtre expirent
Dans la nuit sombre aux reflets d'acier

Un clair de lune distille une lumière d'argent
Qui nimbe les prairies et les cités endormies
Ce soir l'hiver a ouaté la lumière et les bruits
D'une ville agitée et de la campagne assoupie.

# Force et faiblesse

Sais-tu que tu es ma force et ma faiblesse ?
Dis-moi un mot ambigu et cela me blesse
Flatte-moi, un tantinet, je sens ma force décupler
Aime-moi de toutes tes forces je vais voler

Voler vers le poème et caresser les rimes
Et je tenterai l'escalade d'une poésie éthérée
Je cisèlerai l'adjectif et polirai le verbe aimer
Galvanisé par tes caresses je gravirai les cimes,

Les hauts sommets des quatrains et des sonnets
J'apprivoiserai l'hémistiche des alexandrins
Et la mélodie des décasyllabes je te promets
D'en aviver l'allure et d'en forcer le train.

J'irai pour toi visiter les rêves dont l'étrangeté
Viennent à toutes heures de la nuit me visiter
Et m'assignent aux insomnies créatrices
Qui défient les minutes et les heures génitrices

Où ma muse, sans relâche, vient me caresser
Elle ne se nomme pas Erato mais porte ton nom
Sous ton magister ma plume va se hâter
Et broder la métaphore, allumer l'ignition

La lave d'un volcan parée de coruscants phosphores
Qui dévalent en vagues safranées dans l'océan
Du tumulte des syllabes va naître l'hellébore
Que le poète va t'offrir pour être ton amant.

Enfin dans la quiétude de mes pensées
Je te convie à l'ascension des songes éveillés
Qui construisent des mondes mordorés
Allons vers les célestes Champs-Elysées.

Mais encore prends ma main, vers la toison d'or
Allons saluer Jason et ses fiers argonautes
Voyageons dans le temps à venir et le passé
Aimons-nous sous l'œil du Sphinx et d'Astarté...

# Arcanes amoureux

Qui me dira les arcanes de la séduction
Et me livrera le sésame du cœur de l'aimée
Est-ce l'intonation d'une voix qui ouvre l'ignition
D'un corps sublime que l'on a désiré ?

Est-ce notre regard qui devient hypnotique,
Transporte-t-il en ses prunelles une tendresse
Qui transcende l'appel du désir érotique,
Ou peut- être l'abandon de notre forteresse ?

Le poème est-il viatique sur la carte du tendre
Le chant de l'âme éprise agit-t-il comme un philtre
Une liqueur dorée qui réduit en cendres
La réticence et permet que l'amour s'infiltre ?

La naissance du maillage de deux âmes
Demeure, à mes yeux, un mystère insondable
Que l'esprit rationnel, à comprendre est incapable,
Le long cheminement du vague à l'âme

Qui peu à peu ou brutalement s'installe
Dans l'absence de celle qui vous tient en laisse
Une nuit l'évidence de la vacuité s'emballe
L'alter ego nous fait orphelin quand elle nous laisse !

# Amour !

L'amour sans la crainte de ne plus être aimé,
Sans le questionnement de sa durée
Sans ses méandres et ses montagnes russes,
Existe-t-il ? Se rit-il des coutumes et des us ?

Pur-sang lancé au galop en campagne rase
Il ressemble à Pégase ou s'enlise dans la vase
Volant ou pétrifié dans le Lac de Ladoga
C'est là son mystère, l'attendre où il n'est pas !

Éros, à hue et à dia, entre toujours en lice
De la guerre de Troie à Roméo et Juliette
Et de Philémon et Baucis à Orphée et Eurydice
Comme un démiurge il poursuit sa quête...

Il va et vient, c'est le magicien des âmes
L'illusionniste des cœurs victimes des charmes
Des séductrices, des Don Juan qu'il arme
Dans les irrépressibles désirs qui les damnent.

Parfois il dote l'humain de liens pérennes
Il brise d'un soc l'altérité et offre la fusion
Aux récipiendaires de l'ineffable aubaine
Qui brûleront, ad vitam, dans leurs ignitions !

Ceux qui ajoutent foi aux métempsycoses,
Ceux qui croient à l'éveil de l'ultime narcose,
Retrouveront, peut-être, l'être qu'ils ont aimé
Et fileront le parfait amour en éternelle hyménée...

# Fascination

C'était une nuit où des myriades d'étoiles
Criblaient le firmament de pulsations dorées,
Spectateur ébloui je ne voyais que l'orée
D'un amoncellement de galaxies dont les voiles

Épandaient leurs auras luminescentes
Sur une fictive surface, ce reflet trompeur
Des abysses sidérales dont les leurres
Cachent les comètes chevelues et ardentes.

Mon âme flottait, et je m'interrogeais :
«Qui étais-je, à l'aune des acteurs du cosmos ?»
Ce leitmotiv conscient, sans cesse, me questionnait
Et il m'empêchait de me fondre dans l'Éros

L'Éros des chocs galactiques, matrices
Des étoiles nouvelles et des trous noirs
Avaleurs des météorites et des encensoirs
Qui dispersent la matière sortie des génitrices

Des explosions des pulsars cracheurs d'ignitions,
Mondes en perpétuels éclats d'explosion
Qui brûlaient inlassablement dans l'univers
En expansion, et, ce manège scintillait...

# Chemins des rêves

Les rêves mènent en des contrées étranges
Une brume aux reflets d'albâtre scintille,
Et les nuées se moquent des étoiles qui brillent
La nuit s'unit aux heures pâles des songes.

Comment, en errance, trouver le fil d'Ariane
Dans ce labyrinthe que Morphée dessine ?
Une musique, ouatée, résonne d'un air diaphane
Mêlant lumière et statues chryséléphantines.

Des sons inaudibles sont jetés à la cantonade,
Murmures de personnages peu ou prou mutiques
Parfois des familiers aux sourires énigmatiques
Se promènent dans l'Alhambra de Grenade...

Lieux habités de souvenirs ou cités mythiques
S'entrecroisent dans des kaléidoscopes brumeux
Acteurs pensifs heureux ou malheureux
Nous interpellent dans un langage ésotérique.

Le passé immédiat, résidu de la vie diurne
S'entremêle avec un présent singulier
Qui se dépose en strates dans l'onirique urne,
Luisant dans la nuit noire d'un soleil moiré...

# L'effet papillon...

Je vis, un jour d'été, un papillon saphir.
La délicatesse de ses battements d'ailes
Me fit penser à un baiser au goût d'airelle
Que tu me donnas avec un grand sourire.

Le ciel avait dépêché une brise messagère
Qui caressait, en catimini, ta peau douce
Et les rayons du soleil venus à la rescousse
Célébraient ton parfum qui embaumait l'air.

Ta démarche féline avait cette majesté
Des souveraines altières du temps passé
Une distance qui jaillit de l'élégance
Et octroie le rêve envoûtant en allégeance...

Briser ce quant à soi fut œuvre de séduction,
Née de l'humour et d'une feinte indifférence,
Le sésame d'obstacles érigés avec constance
Dont l'accès m'ouvrit aux délices des tentations.

Lorsque le trompeur désintérêt se lasse
Jaillit le désir de jeter, par-dessus les moulins,
La retenue, la pudeur, qui se dénudent enfin,
Contrôle que la mouvance de ton corps efface...

Jouet d'une pente vertigineuse
Emporté par le désir impérieux
De possession d'une fleur ensorceleuse,
Ses senteurs de datura me rendirent ébrieux.

# Lévitation

Il y avait de la gaîté ce jour du mois de mai
Le ciel d'un bleu éclatant invitait aux amours
Aux promenades sans but ici et alentour
Tu souriais insouciante, tu te savais aimée,

Désirée, ta cambrure et tes jambes fuselées
Dessinaient dans l'air complice leurs courbes
Un je ne sais quoi, une géométrie sourde
À toutes les mathématiques et qui s'offrait

S'offrait à tous les sous- entendus amoureux
Fait d'un langage non verbal un brin coquin
Un regard, une mimique qui éclosent un matin
Un déhanché, des battements de cils langoureux.

Un non-dit de ta peau qui vibre malgré toi
Et dont je perçois le trouble qui envahit
Ton cœur battant et ton esprit alangui
Avant l'abandon et le jeter preste de la soie

Qui revêt ton corps ouvert aux jeux fripons
Où le désir voltige dans l'arabesque des caresses
Et tient l'âme captive quand l'acmé cesse
Et nous convie aux ascendants de la passion.

Nos délices repus, nos respirations synchrones
Nous embarquions dans un de ces drones
Qui zigzaguent au-dessus des toits, des étangs,
Un vieux tapis volant nous avait déposés céans

# Symphonie blanche au Carla-Bayle

La neige tombait. Ce ne  fut d'abord qu'une nuée,
Un voile gris pâle qui occultait le paysage
Le soleil se tenait coi, pâle dans les alpages,
Tandis que les flocons s'en allaient mâtiner

De céruse les pâturages en repos hivernal
Et les mottes se striaient de filets blanchâtres
La coloration perlée se déposait en touches égales
La neige tissait ses voiles mouvantes d'albâtre...

Puis les flocons tombèrent avec un rythme plus dru,
La manne argentée semée par les nuages
Peignait des aplats immaculés avec rage
Dans la plaine et clapotaient sur les rus.

Bientôt la blancheur saupoudra les buissons
Et s'affronta à la géométrie noire des branches
Des arbres défeuillés s'efforçant d'être étanches
Aux flocons qui accrochaient leur suspension.

Un manteau d'hermine se déposa sur terre
Et la symphonie du silence et son andante
S'emparèrent de mon âme ardente
Pour y instiller ses rêves où mon amante

Semblait  flotter dans la mouvance pastel
D'un univers irisé par le crépuscule doré
Qui ornait la vêture scintillante des Pyrénées
Le songe vertical grimpa vers l'azur en nacelle...

# Irruption et éruption

Il s'est posé doucement, un jour, sur ton âme
Cet amour comme un papillon saphir
Tu n'as rien senti et maintenant il te damne
Infusant l'assuétude que tu ne peux fuir...

Un ciel violine, en volutes, a hanté tes songes
Et les gouttes de pluie devenues diamant
Ont gouaché les nuages d'une poudre d'argent
Un soleil de giboulées s'est vêtu d'orange.

Une mélodie joyeuse a joué l'allegro
D'une joie d'aimer follement, d'aimer sans trêve
De mêler la réalité cristalline à tes rêves
Qui ont distillé, en ton cœur, cet imbroglio

Ce tout à trac qui t'a saisie dans le tohu-bohu
D'une passion irrépressible qui « sonne  l'olifant »[3]
Convoquant Vénus, Éros, ce cortège charmant
Où cymbales, harpe, flûtes clament l'impromptu

Impromptu d'une symphonie mystérieuse
S'unissant au swing qui fait un bœuf
Des notes irréelles ont surgi de l'œuf
Des saxos, des banjos des marimbas joyeuses.

Le vague à l'âme est chassé par l'aria fougueux,
Farandoles, tarentelles bergamasques
Ont obligé les amants à jeter le masque

_____

3 «Sonne l'olifant»: citation de Verlaine dans *Lassitude*.

Et à s'unir dans la magie du désir amoureux.

# Histoire de l'Aquilon

L'Aquilon a entonné son hymne rocailleux
Venu des septentrions où il a vu le jour,
Il a traversé les majestueux glaciers sourcilleux
Et il ne s'est pas essoufflé dans son parcours

Chevauchant les Océans qu'il a soulevés,
Il a renversé les esquifs et les vieux gréements,
Coulé les yachts et démâté les catamarans
Rien sur les mers ne saurait lui résister.

Il a parcouru à grand train les hautes terres,
Et, dans l'olympe, il a salué Éole, son père
Descendant vers Péloponnèse il s'est reposé.
Reprenant sa course il s'est affronté aux Pyrénées.

Parvenu dans l'eldorado du pays de Cervantès
Il fit de Don Qijote, la victime des moulins,
Le dueño fut soigné avec brio par Sancho Pansa ;
li inspira les senteurs grenadines de l'Alhambra,

Il dut escalader les mythiques colonnes d'Hercule
Survolant la fusion d'Atlantique et Méditerranée
Il fut imprudent car il combattit le Chergui
Et le vent du désert le terrassa dans la nuit.

# Un verbe ! PIV

Il est un verbe simple, de deux syllabes,
Pourtant, il est puissant, comme le tonnerre,
Aussi profond que les abysses de la mer,
Aussi aventureux que ne le fut Simbad…

Sa beauté défie les sommets enneigés,
Les éclats cristallins des lacs de montagne,
Toujours en mouvement jamais il ne stagne,
Il s'élève au-delà des crépuscules incendiés,

Sa superbe enjolive le souffle des humains
Mutin, il se joue du sablier de Saturne,
Il sait être gai mais il peut devenir taciturne
Et vêtir les heures de lambeaux de chagrin..

Aussi coloré que les oripeaux d'Arlequin
Il se travestit dans la Commedia del Arte
Ou, timide, il ne sait comment exprimer
Ce trouble triomphant des sentiments mesquins…

Il va et vient, à la billebaude, au hasard
Du destin, que le fatum secret lui prépare
Au détour d'un chemin, au seuil d'une gare,
Locomotive chevelue sans crier gare !

Il illumine les yeux du nourrisson qui babille,
Il noie le regard du vieillard qui chemine
Le Sphinx aurait pu en proposer l'énigme
Ô toi le verbe aimer qui, à jamais, brille !

# Nuit de musette

Un accordéoniste jouait un air de musette
Ce temps passé où les danseurs et leurs casquettes
Tournoyaient aux bras nerveux de midinettes
Un pas de côté et la cambrure prête

Prête aux aventures au hasard des javas
Et ça tournait, ça tournait et les pieds légers
Jamais ne s'emmêlaient et s'enroulaient
Sur le tempo sauteur qui conduisait la noria

D'hommes aux rouflaquettes et au bitos vissés
Sur les crânes des costaux des Épinettes
Pas question d'empiéter sur le carré
Des querelleurs au raisiné surchauffé,

Époque où l'honneur était chef de file
La vie des fanfarons ne tenait qu'à un fil
Et chacun veillait jalousement sur sa chacune
Et il ne s'agissait pas de montrer ses thunes…

La frétillante musette n'adoucissait pas les mœurs
Si tu provoquais c'était le surin en plein cœur
Et l'accordéon jouait ses goualantes
Qui contait les histoires de pauvres amantes.

C'était des arabesques de filles choucardes
Et de durs au beaux visages burinés
Le rythme endiablait les corps et les psychés
Des pirates qui s'en venaient de la Barbade..

Puis  le silence, lentement, s'installait
Les musicos épuisés levaient le camp
Et les couples de rencontre se dissolvaient
Et la nuit torride faisait bouillir les sangs !

# Aurore carlanaise

Les nuages que le vent d'Autan bousculait
S'étaient éloignés, faisant allégeance
Au Soleil qui inondait de luminescence
Le paysage pastoral émeraude qui s'éclairait...

L'aurore saluait le monde des humains,
Un jour naissant offrait l'oblation de rosée
Qui scintillait sur la chrysoprase irisée
Des prairies, où les bosquets accueillaient
Le gazouillis de la gent ailée qui s'éveillait.

C'était un gloria de Vivaldi qui célébrait
L'épiphanie du dieu Phoebus dans la vallée,
Les roses violettes et les pivoines dorées
S'ouvraient et découvraient leur charmes diaprés,

La douce lumière de l'aube se répandait
Et diffusait ses rayons rasants qui s'élevaient
En une apothéose de lumière ubiquitaire
Sertissant de brillance les joyaux de la terre.

Des fleurs des champs aux arbres centenaires
L'onde lumineuse dansait la tarentelle
Scintillant d'un halo thuriféraire
Elle pulsait, scandant les heures nouvelles !

# Après l'orage PIV

Après l'orage, la tempête et tous les deuils,
L'aube d'or, la joie de vivre doit prévaloir
Et ce n'est pas faire déshonneur à la mémoire
Des chers disparus car ils sont sur le seuil

Et dans notre maison commune pour toujours,
Nous partageons la flamboyance du crépuscule
Et le balai nacré des nuages dont les contours
Irisent de pourpre les rayons qui se bousculent

Pour mettre le feu à l'horizon bouillonnant
Avant de s'éteindre sous l'assaut des ténèbres
Qui, chemin faisant, nous offrent le sommeil bienfaisant
Et nos rêves chassent l'infernal Erèbe.

Ouvrons nos cœurs aux morts et aux vivants
Quelle distance fortuite ou faible nous sépare ?
Un instant, et, nous voici leurs fidèles compagnons !
Hâtons d'accepter la bonne nouvelle des augures !

Partageons l'aube en robe de vermeil,
Écoutons ensemble le gazouillis printanier
Des moineaux, le sifflement du merle primesautier
Et la sérénade d'un rossignol qui s'éveille…

# Table des matières